Helena Kolody

REIKA

exemplar nº 225

Copyright 2024 © Eduardo Kolody

Edição
Eduardo Kolody

Revisão
Christiane Kolody

Ilustrações
Guilherme Petreca

Projeto gráfico e diagramação
Téo Souto Maior

Encadernação
Lab Gráfico Arte & Letra

Dados internacionais de catalogação pública (CIP)
(Câmara Brasileira do Livro)

K 81
Kolody, Helena.
Reika / Helena Kolody - Curitiba: Arte & Letra, 2024.
    58 p.
    ISBN 978-65-87603-85-8
1.   Poesia brasileira   I. Título
CDD 869.1

Índice para catálogo sistemático:
1.   Poesia: Literatura brasileira 869.4

伶香

Reika foi lançado originalmente em 1993, em comemoração aos 81 anos de Helena Kolody.

Os 150 exemplares originais esgotaram-se rapidamente, gerando uma reimpressão com outros 150 exemplares, igualmente esgotada dentro de algumas semanas.

Em 2024 faz 20 anos que Helena Kolody tornou-se luz. Celebramos a Helena haikaista com esta nova edição de Reika, realizada com todo cuidado e o carinho que Helena e seus admiradores merecem. Este livro traz sua poesia de inspiração japonesa, com haikais e tankas.

A nova edição conta com ilustrações de Guilherme Petreca e

encadernação japonesa de motivo kangxi. A cor da capa também foi escolhida em harmonia com o traje presenteado à Helena Kolody na ocasião da outorga de seu nome haikaista, Reika, pela comunidade nipo-brasileira.

Que olhos de Helena possam continuar iluminando pessoas e palavras.

Regina Kolody
Christiane Kolody
Eduardo Kolody

Composição dos ideogramas que formam o nome Reika

O Nome **Reika** outorgado pela comunidade nipo-brasileira de Curitiba à poeta Helena Kolody, é formado pelos ideogramas **Rei** e **Ka**.

Nome do ideograma: Rei

Este ideograma pode ser lido como **Wazaogui**, sendo prefixo da palavra **Reidin** - que é denominação conferida a artistas famosos (meibô); como músicos e também na área do **Bungaku** (literatura e letras) e igualmente no **Haiku** (haicai), para pessoas de destaque nesse gênero de poesia. Usado como prefixo, o nome poético **Reika** sugere em si, uma pessoa de renome na literatura.

Nome do ideograma: Ka ou Ko

Isoladamente ou dependendo da composição na formação da palavra, este ideograma pode ser lido como Niou ou Kaoru

- **Niou** significa cheirar; exalar cheiro; ser fragrante; perfume, aromatizar.

- **Kaoru** significa bom cheiro, perfume, fragrância, aroma

Tradução do Nome

Reika - nome poético ou nome de haicaísta. Composto de dois ideogramas específicos, pode ser traduzido como "Perfume de literatura"; ou "Aroma da poeta maior". Esse nome (Reika) sugere na língua japonesa, algo como um perfume que vai se espalhando pelo ar cujo cheiro é a poesia. A tradução é difícil de se fazer, porque não se refere ao perfume em si, mas sim ao contágio ou vibração que vai envolvendo as pessoas, pelo encanto que a poesia dessa pessoa emite.

Haicais

ressonância

Bate breve o gongo.
Na amplidão do templo ecoa
o som lento e longo.

flecha de sol

A flecha de sol
pinta estrelas na vidraça.
Despede-se o dia.

noite

Luar nos cabelos.

Constelações na memória.

Orvalho no olhar.

s a u d a d e s

Um sabiá cantou.

Longe, dançou o arvoredo.

Choveram saudades.

repuxo iluminado

Em líquidos caules,
irisadas flores d'água
cintilam ao sol.

a l q u i m i a

Nas mãos inspiradas
nascem antigas palavras
com novo matiz.

manhã

Nas flores do cardo,
leve poeira de orvalho.
Manhã no deserto.

depois

Será sempre agora.
Viajarei pelas galáxias
universo afora.

no mundo da lua

Não ando na rua.
Ando no mundo da lua,
falando às estrelas.

os tristes

Em seus caramujos,
os tristes sonham silêncios.
Que ausência os habita?

desafio

A via bloqueada
instiga o teimoso viajante
a abrir nova estrada.

sem poesia

Que fonte secou?
Que sol se apagou em mim?
Fugiu-me a poesia.

noturno

Dormem as papoulas.
A lua sonha no céu.
Vigiam os grilos.

jornada

Tão longa a jornada.
E a gente cai, de repente,
No abismo do nada.

arco-íris

Arco-íris no céu.
Está sorrindo o menino
que há pouco chorou.

ipês floridos

Festa das lanternas!
Os ipês se iluminaram
de globos cor-de-ouro.

f e l i c i d a d e

Os olhos do amado
esqueceram-se nos teus,
perdidos em sonho.

prisão

Puseste a gaiola
suspensa dum ramo em flor,
num dia de sol.

que sabem?

Que sabem do sol
os morcegos e corujas?
São filhos da noite.

Tankas

aquarela

Sol de primavera.
Céu azul, jardim em flor.
Riso de crianças.
Na pauta de fios elétricos,
uma escala de andorinhas.

paisagem marinha

Bailam gaivotas.
Transformam espumas em plumas
                o vento inventor.
Velas de barcos pesqueiros,
asas pousadas no mar.

caixinha de música

Firu-liru-lim...
Melodiosa filigrana
que uma bailarina
tece em gestos delicados
de porcelana e marfim.

sabedoria

Tudo o tempo leva.
A própria vida não dura.
Com sabedoria,
colhe a alegria de agora
para a saudade futura.

pirilampejo

O sapo engoliu
a estrelinha que piscava
no escuro do brejo.
Ficou mais sombria a noite
sem o seu pirilampejo.

de olhos fechados

O sol forte ofusca.
A chuva estreita o horizonte.
Limita-me a vida.
A sonhar, de olhos fechados,
vejo melhor e mais longe.

pequenos motivos

Súbitos silêncios,
palavras inesperadas,
geram decisões.
Um encontro ocasional
altera todo um destino.

vento

Como brinca o vento!
Rodopia nos caminhos.
Atropela nuvens.
Murmura, geme, assobia.
Vai embora de repente.

inverno

No céu de cristal,
cintila o sol sem calor.
Sopra um vento frio.
Tiritam árvores nuas
nos campos que a geada veste.

Este livro foi composto em Calibri, impresso e
encadernado artesanalmente pela Arte e Letra
em parceria com o Selo Pássaros Libertos sobre
papel Pólen Bold 80g/m² no verão de 2024